The White-Hair Girl

白毛女

Chih-yu Ho

Volume One
Supplementary Reading Series
for
Intermediate Chinese Reader
Edited by John De Francis

Far Eastern Publications
Yale University

王大春

杨白劳

白毛女

喜儿

The White-Haired Girl

Printed in the United States of America
at Yale University, New Haven, Connecticut

Preface

This is the retelling of a well-known story that has been dramatized in various forms, including a new-style opera, in the People's Republic of China.
The present version uses only 480 characters introduced in **Beginning Chinese Reader** and lessons 1-6 of **Intermediate Chinese Reader** plus another 46 characters which are especially needed to tell the story.

In view of the increasing emphasis on the use of simplified characters, these forms are used throughout the story for both old and new characters. In addition the new characters appear in both their simplified and regular forms (the latter in Parentheses) in the Notes and the Pinyin Index.

The Notes present in sequential order the carefully limited number of new characters, terms, and structures, together with occasional translations of more difficult phrases.
The Stroke Index of Characters lists all the new characters that occur in the story.
Finally the Pinyin Index provides a cumulative glossary of all these items.

These aids are intended to make the story easy to read. Students should not spend time memorizing characters or terms or otherwise handling the material as a basic text. As much as possible, even at the cost of somewhat less than 100 percent comprehension, students should treat the story as something to enjoy, not as something to agonize over.

John DeFrancis
Editor

白毛女

杨各庄地主收粮

被地主抓去作长工

The White-Haired Girl

白毛女

在抗(kàng)日的时期，中国华北的一个叫杨各庄(yáng gè zhuāng)的地方，这儿的老百姓每天从早到晚常年在田里工作，可是所得到的粮食(liángshi)，除了大部分拿给地主，剩下的说不定连自己吃饭都不够。所以当时老百姓的日子实在难过。有的人没法子，只好跟地主借钱，结果钱借得越来越多。有时候因为借得太多了没法子还。要不然因为地主要的粮食(liángshi)没给够，男的就被(bèi)地主抓(zhuā)去作长工，女的就被(bèi)抓(zhuā)到地主家里作用人。老百姓的东西，不论是什么，只要地主想要，他拿起来就走，老百姓也不敢说什么。地主不但不管(guǎn)老百姓怎么生活，还时常帮助日本人来迫(pò)害(hài)当地人民。

那一年，田里收的粮食(liángshi)不算少，大家心里都很高兴的想："看起来，今年的日子可以过的好一点了。"可是，他们没想到大地主黄世仁(huángshìrén)带着管(guǎn)家已经在那儿等着收粮食(liángshi)了。老百姓看那一车一车的粮食(liángshi)拿进黄(huáng)府又气又恨(hèn)。可是什么法子也没有。

有一个叫杨(yáng)白劳(láo)的，也带着他的女儿——喜儿来送粮食(liángshi)。

地主帮助日本人迫害人民

杨白劳父女

大地主看上了喜儿

老百姓要打倒吃人的地主

他跟别人一样，把这一年收的差不多都送来了。可是，大地主的管(guǎn)家还说不够。杨(yáng)白劳(láo)说："恐怕你算的不对了吧！"管(guǎn)家说："怎么不对？你怎么知道不对？"说着就要打杨(yáng)白劳(láo)。喜儿一看，怕父亲被(bèi)打就马上跑过去，不想，大地主黄世仁(huángshìrén)看见了喜儿，心里起了坏(huài)主意，他忙叫管(guǎn)家住手。

这一次，大地主黄世仁(huángshìrén)不但拿去了大家的粮食(liángshi)，还带走了三个男的，一个女的。都是因为他们的父母给地主的粮食(liángshi)不够。

黄(huáng)家的迫(pò)害(hài)叫大家生气极

了。他们这样不管(guǎn)别人死(sǐ)活的作法，把老百姓心中的仇恨(chóu hèn)象火一样的点起来。他们要打倒(dǎo)吃人的地主！他们要反抗(fǎn kàng)这不公平的社会！

快要过年的时候，杨白劳(yáng láo)怕地主来收钱，只好离开家。他已经七天没回来了。剩下喜儿一个人在家。她从早到晚时时刻刻的想念着她的父亲。到了十二月三十这一天晚上，外面下着大雪(xuě)。别人家的女孩子们很挂念喜儿，都来看她。喜儿说："雪(xuě)这么大，别人都忙着过年，我父亲到现在还不敢回家！"这些女孩子们叫喜儿放心，

十二月三十这一天晚上的喜儿

女孩子们来看喜儿

王大春送粮

喜儿回送

不要挂念，父亲一定会回来过年的。

当地一个年轻人叫王大春(chūn)，他也是一个常常被(bèi)大地主迫(pò)害(hài)的人。他想到杨(yáng)白劳(láo)家的日子不好过，就把自己的粮食(liángshi)分了一部分给杨(yáng)家父女送去。王大春(chūn)到了杨(yáng)家，把粮食(liángshi)给了喜儿，喜儿知道王大春(chūn)家的粮食(liángshi)也不够吃，所以不想要。可是大春(chūn)说："天下被(bèi)迫(pò)害(hài)的人都是一家。这一点小事，你不要客气了。"王大春(chūn)又跟喜儿说："希望有一天能打倒(dǎo)这不平的社会，好让被(bèi)迫(pò)害(hài)的人有好日子过。"喜儿为了谢谢大春(chūn)，拿出一把在田里作工用的刀送给大春(chūn)。大春(chūn)欢欢喜喜的收了起来。

雪(xuě)越下越大了，喜儿想起父亲心中很紧张，大春(chūn)说：“你放心，我去找一找。”说完了就出门找杨(yáng)白劳(láo)去了。

这时候杨(yáng)白劳(láo)正在回家的路上。他一边走一边想：“做了一年的工，连自己的日子也不能好好的过；因为该人钱，连自己的家也不敢回。实在让人又气又恨(hèn)。”在大雪(xuě)中，走了很久才到家。喜儿看见父亲平平安安的回来，高兴极了，她跑来告诉父亲说：“很多朋友都来看我，王大春(chūn)送来了粮食(liángshi)又出

大春去找杨白劳

杨白劳平安回家

红头绳给女儿

杨白劳给女儿扎头绳

去找您……"杨(yáng)白劳(láo)很高兴，这时候他拿出一根(gēn)红头绳(shéng)，说："喜儿！你看！这是什么？""啊！一根(gēn)红头绳(shéng)！喜儿拿着红头绳(shéng)高兴的想："别人家女儿过年的时候买头上的花(huā)，我父亲没钱买花(huā)，可是给我买了红头绳(shéng)。"她说："您用这根(gēn)头绳(shéng)把我的头发(fǎ)扎(zhā)起来好吗？"杨(yáng)白劳(láo)一面给女儿扎(zhā)头绳(shéng)一面想："这么晚了，雪(xuě)又下得这么大，今天地主不会来要钱了吧？"喜儿说："天不早了，我们吃饭过年吧！"

大地主黄世仁(huángshìrén)，自从那次看见喜儿，就想找机会来要这女孩子。所以他早就写好了喜儿的卖契(qì)，打算在过年的时候来跟杨(yáng)白劳(láo)要钱，他知道杨(yáng)白劳(láo)一定没有，那么就可以叫杨(yáng)白劳(láo)把女儿卖给他。所以虽然雪(xuě)下得这么大，天已经这么晚了，黄世仁(huángshìrén)还是带着很多人到杨(yáng)家来了。

到了杨(yáng)家门口，管(guǎn)家大声的叫门："开门！开门！有钱还钱，没钱卖人！"杨(yáng)白劳(láo)听见生气极了，他说："你们把我们的粮食(liángshi)拿走了，我们吃的都没有，还拿什么给你们⁉"管(guǎn)家说："你没钱就把女儿卖给黄(huáng)府吧！"说完，就把写好的卖契(qì)拿出来，叫杨(yáng)白劳(láo)打手印(yìn)。杨(yáng)白劳(láo)说：

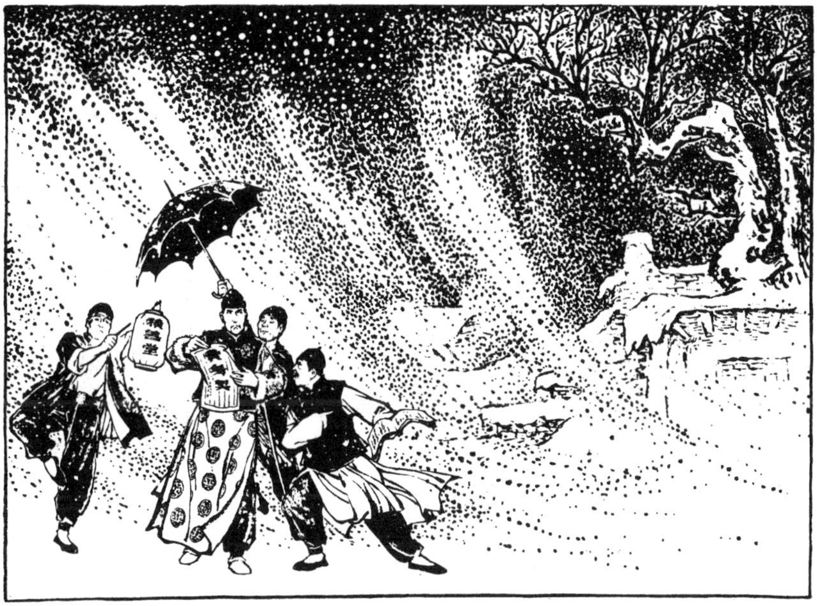

大雪中黄世仁带人来要钱

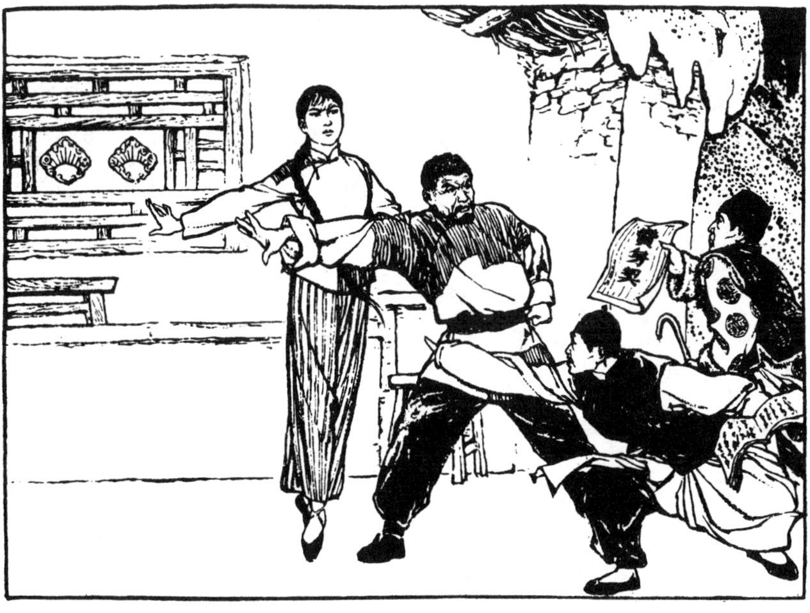

「有钱还钱，没钱卖人」

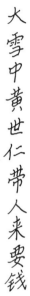

杨白劳被打

杨白劳被打死

"要钱我没有，要人不能！你们把老百姓迫(pò)害(hài)到没法子活了！我跟你们拼命(mìng)！"黄世仁(huángshìrén)听了这话，拿起手杖(zhàng)就打，管(guǎn)家也来帮助，杨(yáng)白劳(láo)被(bèi)打得倒(dǎo)在地上死(sǐ)过去了，喜儿要去救(jiù)父亲，可是叫管(guǎn)家抓(zhuā)住。这时候黄世(huángshì)仁(rén)拿起杨(yáng)白劳(láo)的手，在卖契(qì)上印(yìn)了手印(yìn)。等杨(yáng)白劳(láo)慢慢起来，看见了手上的颜色，才知道是怎么回事。他又气又恨(hèn)，随手拿起一根(gēn)大木头把黄世仁(huángshìrén)打倒(dǎo)在地上。管(guǎn)家一看，马上把大地主的手杖(zhàng)拿起来，拼命(mìng)打过去，想不到这一下儿就把杨(yáng)白劳(láo)打得倒(dǎo)在地上死(sǐ)了。

喜儿看见父亲被(bèi)打死(sǐ)大哭(kū)起来，人们听见哭(kū)声都跑过来，黄世仁(huángshìrén)一见人多，带着管(guǎn)家和用人马上走了。喜儿说："黄(huáng)家来要钱，我们没有，他们把我父亲打死(sǐ)了！我要给我父亲报仇(chóu)雪(xuě)恨(hèn)！"没有多久，黄世仁(huángshìrén)又带了很多人来抓(zhuā)喜儿，正好王大春(chūn)因为没找到杨(yáng)白劳(láo)又回到杨家。一看杨(yáng)白劳(láo)死(sǐ)在地上，问了经过，就去找黄世仁(huángshìrén)讲理。黄世仁(huángshìrén)拿出喜儿的卖契(qì)，上面有杨(yáng)白劳(láo)的手印(yìn)。他叫王大春(chūn)不要管(guǎn)别人家的事！王大春(chūn)大叫一声，一下子把卖契(qì)打到地上。黄世仁(huángshìrén)马上叫他带来的人

「我要给父亲来报仇」

王大春找黄世仁讲理

大春打倒地主家人

喜儿被黄家的用人抓走

一起去打大春(chūn)。这些人一个一个的让大春(chūn)打倒(dǎo)，大春(chūn)又一下抓(zhuā)住了管(guǎn)家，大地主黄世仁(huángshìrén)一看事情不对，拿出手枪(qiāng)开了一枪(qiāng)。大春(chūn)听到枪(qiāng)声，不知道发生了什么事，一住手，就在这个时候，黄(huáng)家的用人把喜儿抓(zhuā)走了。大家要跑去救(jiù)，正好八路军(jūn)的地下工作者赵(zhào)大叔(shū)听到枪(qiāng)声跑来，他叫大家不要去。他说："这仇(chóu)一定要报，可是他们有枪(qiāng)，我们不能这样去拚命(mìng)。"大春(chūn)说："我们不怕死(sǐ)，一定要拚！"赵(zhào)大叔(shū)说："毛主席(xí)是人民的救(jiù)星，我们要报仇(chóu)，一定要跟着毛主席(xí)走。"说着，拿出一个红条子，上面有"八路军(jūn)"三个大字。赵(zhào)大叔(shū)把它给了王大春(chūn)。大春(chūn)等这些年轻人看到这三个字，好象看到了救(jiù)星。大春(chūn)说："走！我们跟毛主席(xí)去！"说着，他们这些年轻人带着大仇(chóu)大恨(hèn)走了。

喜儿被抓(zhuā)到黄(huáng)家以后，每天象牛马一样的作工。因为有父亲被(bèi)打死(sǐ)的仇(chóu)恨(hèn)在心里，所以常常反(fǎn)抗(kàng)大地主，也就常常被(bèi)打。这一天，大地主的母亲黄(huáng)老太太，到家庙(miào)去烧香(xiāng)，她叫喜儿拿茶来。喜儿想："黄世(huángshì)仁(rén)打死(sǐ)了我的父亲，我为什么要给仇(chóu)人的母亲送茶！"黄(huáng)家的

红条子有「八路军」三个大字

喜儿在黄家作工象牛马

张二婶说：「报仇不在今天。」

黄老太太打喜儿

一个老妈子——张二婶(shěn)，对喜儿很好；她看出喜儿心里想的是什么，就跟喜儿说："孩子，刀在地主手里，仇(chóu)在我们心里；只要我们有一天能解(jiě)放，你父亲的仇(chóu)就可以报了，报仇(chóu)不在今天！孩子啊！聪明点，去送茶！"喜儿听了，觉得张二婶(shěn)的话很对，只好给黄世仁(huángshìrén)的母亲送茶去。

黄(huáng)老太太看喜儿不高兴的样子很生气，就把一杯茶都倒在喜儿头上，又用手杖(zhàng)去打喜儿。喜儿一下儿把手杖(zhàng)抓(zhuā)了过来。黄(huáng)老太太又拿起那点着火的香(xiāng)来烧喜儿，喜儿用力一打，没想到黄(huáng)老太太就倒(dǎo)在地上了。这时候，张二婶(shěn)、黄世仁(huángshìrén)都跑过来了。黄世仁(huángshìrén)的母亲气得大叫："来呀！来呀！不得了啦！快打死(sǐ)她！"管(guǎn)家带着人忙跑过来打喜儿，把喜儿打得死(sǐ)过去了才住手。张二婶(shǎn)看到喜儿被(bèi)打得这个样子心中难过极了，想去救(jiù)喜儿。可是，黄(huáng)老太太不让，大叫："不要管(guǎn)她，去做你的工！"

过了很久，喜儿才慢慢的起来，她想："你们打死(sǐ)了我父亲又来迫害(pò hài)我；我要逃(tao)走，我要逃(táo)出黄(huáng)家！"

正在这个时候，黄世仁(huángshìrén)一

喜儿被打

喜儿死过去了

黄世仁轻轻的进来

张二婶故意来送茶

个人轻轻的进来了。他一下抓(zhuā)住了喜儿，要跟她亲近。喜儿用力打他；他也不放。喜儿抓(zhuā)了东西打他；他也不走。张二婶(shěn)听见了，知道黄世仁(huángshìrén)的坏(huài)主意，忙故意来送茶，黄世仁(huángshìrén)看见有人来了，才不好意思的走了。

当天晚上，天刚黑，张二婶(shěn)给喜儿收拾了一点吃的东西，带着喜儿轻轻的走到了后门。张二婶(shěn)开了门，看看外头没有人，说："孩子！你走吧！走得越远越好，不要忘了你父亲是怎么死(sǐ)的。这仇(chóu)一定要报！走吧！我们被(bèi)迫(pò)害(hài)的人，一定有解(jiě)放的一天！”喜儿象离开母亲一样的难过，离开了张二婶(shěn)，出了门逃(táo)走了。

不久，管(guǎn)家听说喜儿逃(táo)走了，就带着两个用人去找。喜儿听见后面有人跟上来，就跑到河边去。这时候天黑极了，管(guǎn)家们找来找去只在河边找到了喜儿的鞋(xié)。天又黑，用人们自己又怕水，他们就跟管(guǎn)家说：“喜儿一定死(sǐ)在河里了。”管(guǎn)家想了想，没有法子，只好拿着喜儿的鞋(xié)回去了。

喜儿听见跟来的人走了，才慢慢的逃(táo)进了大山。

其后，喜儿在大山里，从

当天晚上张二婶送喜儿出了后门

管家带人找喜儿

喜儿的一头白发

杨各庄解放了

早到晚，想念她的父亲和跟她一样被迫害(bèi pò hài)的人们，她只有对着东方的红日诉说她心中的希望：“人民快得到解放(jiě)！”

就这样，过的，不是人的生活。想的，是大仇(chóu)大恨(hèn)。日子久了，她的一头黑发(fǎ)，一天一天的白了。

解(jiě)放了！杨各庄(yáng gè zhuāng)的人民时时刻刻等着的一天，真的到了。毛主席(xí)的八路军解(jūn jiě)放了杨各庄(yáng gè zhuāng)！这一天，男男女女，老老少少，全来欢迎八路军(jūn)。老百姓们心中有说不出来的高兴。年纪大的人忙着烧鱼，烧肉；年纪轻的人忙着送菜，送饭；小孩子们也跑来跑去的帮忙。军(jūn)人们谢谢老百姓这样欢迎他们，老百姓们说："我们得到了解(jiě)放，都是你们的功劳(láo)。欢迎你们是应该的，不要客气！"

这时候，一个小孩子跑来告诉赵(zhào)大叔(shū)，说："王大春(chūn)回来了！"赵(zhào)大叔(shū)一看，王大春(chūn)带着很多军(jūn)人走过来。大家都忙着跑过去欢迎。

原来，王大春(chūn)那一年带着几个年轻的人离开杨各庄(yáng gè zhuāng)以后，找到了八路军(jūn)。经过几年的学习，大春(chūn)现在已经是一个很好的八路军(jūn)工作人员。所以这次是上级特别叫大春(chūn)带着八路军(jūn)来

老百姓欢迎解放军

王大春回到杨各庄

张二婶看到了大春

张二婶告诉大春喜儿逃出了黄家

解(jiě)放杨各庄(yáng gè zhuāng)的。赵(zhào)大叔(shū)说："我们要特别的谢谢你们！"大春(chūn)说："受迫(pò)害(hài)的人能得到解(jiě)放，都是毛主席(xí)的功劳(láo)。"

张二婶(shěn)看到了大春(chūn)，高兴的哭(kū)起来。她说："大春(chūn)啊！八路军(jūn)来了，杨各庄(yáng gè zhuāng)的人民得到解(jiě)放了！可是喜儿………"张二婶(shěn)告诉大春(chūn)："喜儿被(bèi)抓(zhuā)进了黄(huáng)家以后，因为喜儿反(fǎn)抗(kàng)大地主，所以常常被(bèi)打，同时黄世仁(huángshìrén)对喜儿又有坏(huài)主意，一天晚上，我送喜儿从黄(huáng)家的后门逃(táo)出去。黄世仁(huángshìrén)叫人去找，可是没找到。从那时候起就再没有人知道喜儿到哪儿去了！"大春(chūn)等听了心中难过极了，他们说："我们一定要为喜儿报仇(chóu)，要为杨(yáng)白劳(láo)雪(xuě)恨(hèn)！"

正在这个时候，黄(huáng)家的一个女用人跑来报告大家，说："大地主黄世仁(huángshìrén)跟管(guǎn)家逃(táo)走了！"大春(chūn)听了就说："我们快去找！"说着，大春(chūn)、赵(zhào)大叔(shū)和很多人马上就去了。

在这天晚上，天黑了以后，喜儿在大雨(yǔ)中跑下山来，想找东西吃。她看到山下的庙(miào)里没有人就走了进去，正要拿点东西吃，听见有人走路的声音。她回头一看，正是大地主黄世(huángshì)仁(rén)跟管(guǎn)家。喜儿见到仇(chóu)人，心

大家要给喜儿报仇

喜儿在大雨中跑来庙里找吃的

喜儿看见了仇人

喜儿要报仇

中的恨(hèn)好象火一样的烧起来！她马上跑过去，大叫："黄世仁(huángshìrén)！你们打死(sǐ)我父亲，又迫害(hài)我！今天的机会不能放过，我要报仇(chóu)！"喜儿抓(zhuā)起庙(miào)里的饭碗、茶杯、什么的就打过来了。地主黄世仁(huángshìrén)和管(guǎn)家在庙(miào)里到处跑，怕被(bèi)喜儿抓(zhuā)住。喜儿心里有仇(chóu)恨(hèn)，要报仇(chóu)，所以力气特别大，她一下抓(zhuā)住了黄世仁(huángshìrén)就打，管(guǎn)家看见，马上往门外就跑，喜儿又要去抓(zhuā)管(guǎn)家，黄世仁(huángshìrén)拚命(mìng)的跑开了。喜儿不放，紧紧的跟了出去。

一会儿，大春(chūn)等也到了，他们看见庙(miào)里地上又是茶杯，又是饭碗，就知道一定出事了。大春(chūn)叫大家在庙(miào)外边等，自己一个人慢慢的、轻轻的进去看。

喜儿看见地主黄世仁(huángshìrén)和管(guǎn)家逃(táo)下山去，就又回到庙(miào)里来找东西吃。正好大春(chūn)也进来了。喜儿看见有人，马上就跑出去了。她跑回大山以后，看看自己的一头白发(fǎ)，心中难过极了。为了要报仇(chóu)，一天又一天，一年又一年，在大雨(yǔ)大雪(xuě)中，等着，等着……希望有一天能报仇(chóu)。不想，今天见到了仇(chóu)人，又让他们逃(táo)走了。

王大春(chūn)跟着喜儿来到山中，找到了喜儿，他看见喜儿的一

大春来到了庙外

王大春跟喜儿到山中

「你是什么人？」

「喜儿！是你？」

头白发(fǎ)就问："你是什么人？怎么会到这个地方来？"喜儿说："我是山下的人，因为恨(hèn)大地主，才到山里来。"大春(chūn)说："我是八路军(jūn)，是毛主席(xí)叫我们来解(jiě)放被(bèi)迫(pò)害(hài)的人，来打倒(dǎo)地主的。""八路军(jūn)？你是八路军(jūn)？"她说着回头看大春(chūn)，好象以前见过？她想了想，说："你是大春?!"大春(chūn)一听，马上过去抓(zhuā)住她的手。"喜儿！是你！喜儿！看黄世仁(huángshìrén)把你迫(pò)害(hài)得这个样子！"喜儿看看山下，想起黄(huáng)家，她哭(kū)了。她说："多少事情，不知道怎么跟你说！我的心中都是恨(hèn)！看！从我这一头白发(fǎ)，你就可以知道我在山中的日子是怎么过的了！”大春(chūn)说：“现在毛主席(xí)的八路军(jūn)解(jiě)放了杨各庄(yáng gè zhuāng)。我们正在到处找大地主，要抓(zhuā)他。快跟我下山！”

雨(yǔ)住了！天亮了！山下的人看见大春(chūn)带来了一个人，一头的白发(fǎ)，都过来看。大春(chūn)说：“她是喜儿！我找到了喜儿！”大家听了都跑过来问她逃(táo)走后的经过。

张二婶(shěn)也跑来了，两个人见面高兴的哭(kū)得说不出话来了。

大春(chūn)说：“快把地主和管(guǎn)家抓(zhuā)来，报仇(chóu)大会就要开始了。”喜儿一见黄世仁(huángshìrén)就走过去说：“

雨住了，天亮了，杨各庄解放了。

张二婶见到了喜儿

「我就是你打不死的喜儿」

地主之死

黄世仁(huángshìrén)！你看看，我就是你打不死(sǐ)的喜儿！"杨各庄(yáng gè zhuāng)的老百姓没有人不恨(hèn)黄世仁(huángshìrén)。他们一个一个的说出黄(huáng)家对他们的迫害(pò hài)。最后大会同意："黄世仁(huángshìrén)该死(sǐ)。"枪(qiāng)声中杨各庄(yáng gè zhuāng)人民的大仇(chóu)都报了。赵(zhào)大叔(shū)点起火，大家把所有黄(huáng)家的卖契(qì)都烧了。从这个时候起，杨各庄(yáng gè zhuāng)的人民得到了解(jiě)放！

大春(chūn)告诉大家："杨各庄(yáng gè zhuāng)的黄世仁(huángshìrén)打倒(dǎo)了，别的地方还有很多大地主；喜儿的仇(chóu)报了，别的地方还有很多被迫害(bèi pò hài)的人。我们要拿起枪(qiāng)来，跟毛主席(xí)去解(jiě)放所有的地方，去救(jiù)所有被(bèi)

迫(pò)害(hài)的人民。”

喜儿和很多年轻的男女，都希望去跟八路军(jūn)学习，去跟毛主席(xí)为解(jiě)放人民工作。大春(chūn)报告了上级，上级发了枪(qiāng)给喜儿他们，叫他们天天跟王大春(chūn)们练习。不久，上级命(mìng)王大春(chūn)带着大家到一个地方去工作。赵(zhào)大叔(shū)、张二婶(shěn)和杨(yáng)各(gè)庄(zhuāng)的人听说了，就给了大春(chūn)和喜儿他们每人一个大红花(huā)，高高兴兴的看着他们出发了。

很多年轻男女要为解放人民工作

每人大红花一个

高高兴兴的出发了

NOTES

(Numbers before periods refer to pages; after periods, to lines.)

1.1 抗 kàng resist, oppose

抗日 kàng-rì resist Japan

.2 杨 (楊) yáng aspen, poplar; (a surname)

各 gè each, every

庄 (莊) zhuāng village

.4 粮 (糧) liáng grain; provisions; food

食 shí food

粮食 liángshí grain; provisions

1.12 被 bèi suffer; by; (passive indicator before transitive verbs)

抓 zhuā grasp, seize, grab, arrest

2.4 管 guǎn mannage, take care of; be concerned about

.5 迫 pò oppress; compel

.6 害 hài damage, harm; murder

.5-6 迫害 pòhài oppress

2.11 黄 (黃) huáng yellow; (a surname)

世 shì world

仁 rén benevolence, humanity

管家 guǎnjiā steward, housekeeper

2.13 一车一车的 yìchē-yìchē-de by the carload (yi-M yi-M de: M by M)

.14 恨 hèn hate; hatred

.15 劳 (勞) láo toil (N/V)

3.9 坏 (壞) huài bad, evil

坏主意 huàizhúyì evil intentions

.10 住手 zhùshǒu to stop (doing something)

4.1 死 sǐ die; death; dead

.2 仇 chóu enmity, hatred, grudge

.3 点 (點) diǎn to light (a fire)

倒 dǎo to fall; V-dao: to Verb down

打倒 dǎdǎo knock down, overturn; Down with ...

.5 反 fǎn rebel, oppose

反抗 fǎnkàng defy, oppose, resist; opposition

.12 雪 xuě snow (N); to avenge

下雪 xià xuě to snow (VO)

5.3 春 chūn spring (season)

6.2 欢欢喜喜 huānhuānxǐxǐde very pleased (Note: a two-syllable stative verb if reduplicated as AABB, with or without suffixed de, means 'very AB'. See also text 6.10, 24.11)

.10 该钱 qāiqián own (someone) money (VO)

7.1 根 gēn root; (measure for string, belts, sticks, etc.)

7.1 绳 (繩) shéng string, cord

头绳 tóushéng yarn used to tie one's hair

.6 花 huā flower (real or artificial)

发 (髮) fǎ hair (on the head)

头发 tóufa hair (on the head)

扎 (紮) zhā bind, tie up

8.1 契 qì a written agreement, a deed

卖契 màiqì a deed of sale

.16 印 yìn to print; to mark

手印 shǒuyìn finger or thumb print used in contracts in lieu of signature

打手印 dǎ shǒuyìn to make a thumb print, sign with a thumb mark

9.3 命 mìng life, fate; order, command

拼命 pīnmìng fight regardless of life or death (VO)

.4 杖 zhàng a walking staff

手杖 shǒuzhàng cane

.5 死过去 sǐguoqu to faint

.6 救 jiù save, rescue

.12 木头 mùtou wood

.15 一下儿 yíziàr one blow; one moment, all of a sudden

10.1 哭 kū weep, cry

.6-7 报仇 bàochóu seek vengeance, revenge (VO)

.7 雪恨 xuěhèn get even with hated enemy

.11 讲理 jiǎnglǐ to appeal to reason

11.4 枪 (槍) qiāng gun, rifle, pistol

手枪 shǒuqiāng pistol

开枪 kāiqiāng open fire, shoot (VO)

11.9 军 (軍) jūn army, military

.8-9 八路军 bá-lù-jūn Eighth Route Army; a member of the Eighth Route Army

11.9 赵 (趙) zhào (Common surname)

叔 shū father's younger brother

.14 席 xí a banquet; a seat

主席 zhǔxí chairman

.15 救星 jiùxīng star of salvation; a deliverer

12.13 庙 (廟) miào temple, shrine

家庙 jiāmiào family temple

香 xiāng incense

.16 仇人 chóurén enemy

13.1 婶 (嬸) shěn father's younger brother's wife

13.5	解	jiě	to untie, to unfasten; emancipate
	解放	jiěfàng	to liberate
.14	抓过来	zhuāguolai	to drag over, to grab something and pull towards the speaker
14.14	逃	táo	to flee, escape
	逃走	táozǒu	flee, escape, run away
15.1	轻轻的	qīngqīngde	quietly, on tiptoe
16.9	鞋	xié	shoes
17.3	诉说	sùshuō	to express one's feelings
18.1	军人	jūnrén	soldiers, fighters, military personnel
.4	功劳	gōnglao	accomplishment, effort
.16	上级	shàngjí	superiors
20.11	雨	yǔ	rain

32 白毛女

STROKE INDEX OF CHARACTERS

Strokes	Character	Pinyin
4	仇	chóu
	反	fǎn
	仁	rén
	扎	zhā
5	发	fǎ
	世	shì
	印	yìn
6	各	gè
	军	jūn
	死	sǐ
	庄	zhuāng
7	花	huā
	坏	huài
	抗	kàng
	劳	láo
	迫	pò
	杨	yáng
	杖	zhàng
	抓	zhuā
8	庙	miào
	命	mìng
	枪	qiāng
	食	shí
8	叔	shū
	雨	yǔ
9	春	chūn
	恨	hèn
	契	qì
	逃	táo
	香	xiāng
	赵	zhào
10	被	běi
	倒	dǎo
	根	gēn
	害	hài
	哭	kū
	席	xí
11	黄	huáng
	救	jiù
	婶	shěn
	绳	shéng
	雪	xuě
13	解	jiě
	粮	liáng
14	管	guǎn
15	鞋	xié

PINYIN INDEX

bá-lù-jūn 八路军 Eighth Route Army; a member of the Eighth Route Army 11.8-9

bàochóu 报仇 seek vengeance, revenge (VO) 10.6-7

bèi 被 suffer; by; (passive indicator before transitive verbs) 1.12

chóu 仇 enmity, hatred, grudge 4.2

chóurén 仇人 enemy 12.16

chūn 春 spring (season) 5.3

dǎdǎo 打倒 knock down, overturn; Down with ... 4.3

dǎ shǒuyìn 打手印 to make a thumb print, sign with a thumb mark 8.16

dǎo 倒 to fall; V-dao: to Verb down 4.3

diǎn 点 to light (a fire) 4.3

fǎ 发(髮) hair (on the head) 7.6

fǎn 反 rebel, oppose 4.5

fǎnkàng 反抗 defy, oppose, resist; opposition 4.5

gāiqián 该钱 owe (someone) money (VO) 6.10

gè 各 each, every 1.12

gēn 根 root; (measure for string, belts, sticks, etc.) 7.1

gōngláo 功劳 accomplishment, effort 18.4

guǎn 管 manage, take care of; be concerned about 2.4

guǎnjiā 管家 steward, housekeeper 2.11

hài 害 damage, harm; murder 2.6

hèn 恨 hate; hatred 2.14

huā 花 flower (real or artificial) 7.6

huài 坏（壞）bad, evil 3.9

huàizhúyi 坏主意 evil intentions 3.9

huānhuānxǐxǐde 欢欢喜喜的 very pleased (Note: two syllable stative verb if reduplicated as AABB, with or without suffixed de, means 'very AB.' See also text 6.10, 24.11) 6.2

huáng 黄 yellow; (a surname) 2.11

jiāmiào 家庙 family temple 12.13

jiǎnglǐ 讲理 to appeal to reason 10.11

jiě 解 to untie, to unfasten; emancipate 13.5

jiěfàng 解放 to liberate 13.5

jiù 救 save, rescue 9.6

jiùxīng 救星 a star of salvation; a deliverer 11.15

jūn 军（軍）army, military 11.9

jūnrén 军人 soldiers, fighters, military personnel 18.1

kāiqiāng 开枪 open fire, shoot (VO) 11.4

kàng 抗 resist, oppose 1.1

kàng-rì 抗日 resist Japan 1.1

kū 哭 weep, cry 10.1

láo 劳(勞) toil (N/V) 2.15

liáng 粮(糧) grain; provisions; food 1.4

liángshi 粮食 grain, provisions 1.4

màiqì 卖契 a deed of sale 8.1

miào 庙(廟) temple, shrine 12.13

mìng 命 life, fate; order, command 9.3

mùtou 木头 wood 9.12

pīnmìng 拼命 fight regardless of life or death (VO) 9.3

pò 迫 oppress; compel 2.5

pòhài 迫害 oppress 2.5-6

qì 契 a written agreement, a deed 8.1

qiāng 枪(槍) gun, rifle, pistol 11.14

qīngqīngde 轻轻的 quietly, on tiptoe 15.1

rén 仁 benevolence, humanity 2.11

shàngjí 上级 superiors 18.16

shěn 婶(嬸) father's younger brother's wife 13.1

shéng 绳(繩) string, cord 7.1

shí 食 food 1.4

shì 世 world 2.11

shǒuqiāng 手枪 pistol 11.4

shǒuyìn 手印 finger or thumb print used in contracts in lieu of signature 8.16

shǒuzhàng 手杖 cane 9.4

shū 叔 father's younger brother 11.9

sǐ 死 die; death; dead 4.1

sùshuō 诉说 to express one's feelings 17.3

táo 逃 to flee, escape 14.14

táozǒu 逃走 flee, escape, run away 14.14

tóufa 头发 hair (on the head) 7.6

tóushéng 头绳 yarn used to tie one's hair 7.1

sí 席 a banquet; a seat 11.4

xiàxuě 下雪 to snow (VO) 4.12

xiāng 香 incense 12.13

xié 鞋 shoes 16.9

xuě 雪 snow (N); to avenge 4.12

xuěhèn 雪恨 get even with hated enemy 10.7

yáng 杨 aspen, poplar; (a surname) 1.2

yìchēyìchēde 一车一车的 by the carload (yi-M yi-M de: M by M) 2.13

yìn 印 to print; to mark 8.16

yíxiàr 一下儿 one blow; one moment; all of a sudden 9.15

yǔ 雨 rain 20.11

zhā 扎（紮） bind, tie up 7.6

zhàng 杖 a walking staff 9.4

zhào 赵（趙）（common surname） 11.9

zhùshǒu 住手 to stop (doing something) 3.10

zhǔxí 主席 chairman 11.14

zhuā 抓 grasp, seize, grab, arrest 13.14

zhuāguolai 抓过来 to drag over, to grab something and pull towards the speaker 13.14

zhuāng 庄（莊） village 1.2